AF401023

L'EMPEREUR

NAPOLÉON III

ET

L'EUROPE

PARIS. — IMPRIMERIE SERRIERE, 123, RUE MONTMARTRE.

L'EMPEREUR

NAPOLÉON III

ET

L'EUROPE

PAR

ÉMILE DE GIRARDIN

« Il ne peut plus y avoir de politique anglaise, française, russe, prussienne, autrichienne ; il n'y a plus qu'une politique générale, qui doit, pour le salut de tous, être admise en commun par les peuples et par les rois. »

ALEXANDRE Ier, empereur de Russie (1823.)

« Les demi-mesures ont déjà perdu une fois le monde civilisé ; il n'y a de salut pour les puissances que dans l'identité du but, dans l'accord des moyens, dans l'union des sentiments et dans la force de la modération, ou, ce qui revient au même, dans la force de la justice et de la raison. »

ANCILLON. Berlin, 18 octobre 1823.

« J'ai vu avec une certaine satisfaction que la France donnera encore des lois à l'Europe quand elle sera bien conduite. »

CHATEAUBRIAND. *Congrès de Vérone*, 1823.

PARIS

MICHEL LÉVY FRÈRES, LIBRAIRES-ÉDITEURS

2 *bis*, RUE VIVIENNE

—

M DCCC LIX

L'EMPEREUR NAPOLÉON III

ET

L'EUROPE

I

La question d'Italie est un nœud qui ne peut ni se dénouer ni se trancher.

Il en est de même de la question d'Orient.

Il en est de même de la question de Pologne.

Il en est de même de la question, à peine secondaire, des Principautés danubiennes, car la manœuvre Couza n'a rien tranché ni dénoué. Un ajournement n'est pas une conclusion.

L'impuissance du sabre a égalé l'impuissance de la diplomatie.

Les guerres n'ont pas été plus décisives que les révolutions. Elles n'ont pas coûté moins, elles n'ont pas rapporté plus. Celles-là comme celles-ci, celles-ci comme celles-là n'ont été fécondes qu'en désastres et en douleurs pour aboutir au même avortement.

Avortement est le mot qui résume ce long et convulsif effort de l'Europe en travail d'une politique nouvelle dont elle ne peut réussir à se délivrer.

Comment expliquer cette succession d'avortements qui a commencé en 1789 et qui dure encore en 1859 ?

Comment y mettre fin ?

II

L'explication est facile à donner : il n'y a plus de droit européen. Où il existe deux droits dont l'un est la négation de l'autre, il n'existe pas de droit. Le droit divin est la négation du droit populaire ; le droit populaire est la négation du droit divin. Le droit de la conquête est la négation du droit de la nationalité ; le droit de la nationalité est la négation du droit de la conquête.

L'Europe ne sortira de la confusion, l'Europe ne cessera de flotter entre deux négations qu'après qu'elle aura irrévocablement opté entre l'ancienne ou la nouvelle signification du mot Droit, entre le droit de la conquête ou le droit de la nationalité, entre le droit des rois ou le droit des peuples, entre la guerre à outrance ou la paix à perpétuité, entre le remaniement européen ou le désarmement européen.

La chimère n'est pas de vouloir ce que veut la logique ; la chimère est de vouloir ce que veut l'Europe. L'Europe voudrait allier ce qui s'exclue : elle voudrait fonder la paix sans renoncer à la guerre ; elle voudrait qu'il y eût des vainqueurs sans vaincus, des conquérants sans conquêtes, des oppresseurs sans opprimés ; elle voudrait que la Pologne et l'Italie recouvrassent leurs nationalités par miracle, sans révolutions ni sans guerres qui risquassent de rompre « l'équilibre européen ; » elle voudrait que l'empire ottoman fût assez fort pour faire barrière à l'empire moscovite et qu'il fût assez faible pour que les Chrétiens fissent la loi aux Musulmans ; elle voudrait que les rois fussent maîtres et que les peuples fussent souverains ; elle voudrait étendre la liberté sans restreindre l'autorité ; elle voudrait à la fois donner et retenir ; ou plutôt elle ne sait pas ce qu'elle voudrait.

Comment le saurait-elle lorsque chacune des cinq grandes puissances qui la représentent tient les deux langages le plus opposés selon que cette puissance parle en son nom particulier ou selon que cette puissance parle au nom de l'Europe ? s'agit-il par exemple de la domination de l'Autriche sur l'Italie ou de la domination de la Russie sur la Pologne, l'Angleterre et la France revendiquent le droit de la nationalité. S'agit-il de la domination de l'Angleterre sur l'Hindoustan ou de la domination de la France sur l'Algérie, l'Angleterre et la France revendiquent le droit de la conquête. Est-ce que, dans la mémorable nuit du 4 août 1789, Mathieu de Montmorency, en proposant d'abolir tous les droits seigneuriaux, y mettait la restriction qu'il conserverait les siens ? S'il y eût mis cette restriction, est-ce que sa motion, qui fut adoptée au bruit des applaudissements les plus enthousiastes, n'eût pas été rejetée au bruit des murmures les plus justes? Aussi longtemps que l'Europe n'aura pas eu, elle aussi, sa nuit du 4 août 1789, elle aura beau faire succéder les congrès aux conférences et les congrès aux congrès, ils ne donneront le jour qu'à des avortons; ils n'aboutiront qu'à des complications sans nombre aggravées par des ajournements sans fin.

Ou c'est la conquête ou c'est la nationalité qui constitue le droit. Il faut se décider et choisir. Si c'est la conquête qui constitue le droit, le contester à moitié et l'admettre à demi, c'est greffer l'impuissance sur l'inconséquence.

Si c'est la nationalité qui constitue le droit, secourir l'Italie sans secourir la Pologne, ou secourir la Pologne sans secourir l'Italie, affranchir une partie de la Grèce sans affranchir l'autre portion, ne se soucier ni de l'Irlande ni de la Hongrie, c'est greffer l'inégalité sur l'iniquité.

Sur quel droit l'Angleterre, qui a pris, en 1704, Gibraltar à l'Espagne (1), se fonde-t-elle, en 1859, pour

______

(1) On sait comment Gibraltar a été pris le 4 août 1704. L'amiral Rook, dans la guerre de succession allumée en Europe par le roi d'Espagne, Charles II, ayant échoué dans son projet de prendre Barcelone, fait voile vers Gibraltar où les Espagnols, confiants dans les fortifications naturelles de la place, n'avaient mis qu'une garnison de cent hommes. En effet, la flotte anglaise tire en vain quinze mille coups de canon sur ces rochers; les Espagnols regardent en riant ces inutiles décharges; mais de hardis matelots se décident à tenter un coup de main, ils gravissent des rochers réputés inaccessibles : arrivés au sommet, ils trouvent les femmes de Gibraltar, sorties, suivant leur coutume, pour aller visiter une chapelle dédiée à la Vierge; ils s'en saisissent. Les habitants, effrayés du

la menacer à la seule pensée que l'Espagne pourrait être amenée à s'emparer de Tanger?

Si c'est la conquête qui constitue le droit, l'Espagne a pleinement le droit, si elle en a le moyen, de prendre et de garder non-seulement Tanger, mais le Maroc tout entier, sans que l'Angleterre, ni l'Autriche, ni la France, ni la Prusse, ni la Russie soient fondées à y faire opposition, car la pointe s'en retournerait aussitôt contre elles.

Si c'est la nationalité qui constitue le droit, rien de plus injuste que la solidarité des peuples et de leurs gouvernements (1), ceux-là devant payer pour ceux-ci. Mais alors comment châtier les gouvernements coupables sans punir les peuples innocents?

III

Sous le droit de la conquête, il suffit, pour avoir le droit de son côté, d'être le plus fort. La politi-

---

sort réservé à leurs femmes, livrent la ville aux Anglais, qui depuis cette époque en sont toujours restés maîtres malgré les efforts de l'Espagne pour leur faire perdre cette clef de la Méditerranée.

(1) Un seul souverain a reconnu l'injustice de cette solidarité, c'est l'empereur de Russie, Alexandre Ier, dont les paroles suivantes méritent d'être honorablement mentionnées :

« Je suis juste, et je sais que ce n'est pas le tort des Français. » Les Français sont mes amis, et je viens leur prouver que je veux » leur rendre le bien pour le mal. Napoléon est mon seul ennemi.

» L'EMPEREUR ALEXANDRE Ier, *Réponse aux Maires de Paris.* (1814.) »

« Le droit de représailles m'a toujours été odieux.»

L'EMPEREUR ALEXANDRE Ier. (11 juillet 1811

Congrès de Vérone, p. 89.)

que en découle tout naturellement ; elle consiste à conquérir, à conquérir encore, à conquérir toujours. C'est à cette politique, c'est à ce droit que toutes les grandes puissances de l'Europe sont redevables de leur développement territorial. C'est ainsi que s'est faite la carte de France. L'empereur Napoléon Ier, le Génie de la guerre, personnifiait le droit de la conquête : opposer le droit de la nationalité au droit de la conquête, c'est renier l'Empereur Napoléon Ier. Mettre en question la légitimité du droit de la conquête, c'est briser, au dix-neuvième siècle, l'unité de la politique européenne, comme Luther a brisé, au seizième siècle, l'unité de la religion catholique ; c'est exposer les populations aux mêmes luttes, aux mêmes persécutions, aux mêmes exterminations, aux mêmes guerres, guerres non plus de territoires, mais de principes, c'est-à-dire aux guerres les plus cruelles et les plus longues. Il importe qu'on le sache clairement, afin de ne plus avancer témérairement si l'on doit reculer prudemment. Si l'on n'a pas de but, à quoi bon s'ouvrir un chemin? Si l'on n'a pas de point d'appui, à quoi bon se charger d'un levier ?

L'empereur Napoléon III ayant solennellement et itérativement déclaré que « le temps des conquêtes était passé sans retour, » et de plus ayant pris la défense du droit de la nationalité contre le droit de la conquête, a arboré le drapeau de la Réforme politique ; mais arborer le drapeau d'une cause ne suffit pas, il faut en poursuivre le triomphe, dût-on en être le martyr! Ce n'est qu'à cette condition qu'on fonde une foi nouvelle ou un droit nouveau. Ce n'est qu'à cette condition qu'on y imprime éternellement son nom.

Napoléon Ier l'a dit après Danton : « On ne détruit que ce que l'on remplace. » Aussi long-temps qu'on n'aura pas remplacé le droit de la conquête, il ne sera pas détruit. Y renoncer pour soi, ce n'est pas le supprimer, c'est le laisser subsister contre soi.

S'il est vrai que le partage de la Pologne ait été une immense faute ; s'il est vrai que le rétablissement de ce royaume soit nécessaire à la sécurité de l'Europe, n'ayant plus de frontières du côté de l'Asie, et particulièrement à la sûreté de l'Autriche et de la Prusse, restant face à face vis à vis du plus puissant empire de l'univers (1), ce n'est pas en s'abstenant de ven-

---

(1) « Le rétablissement de la Pologne m'a toujours paru désirable pour toutes les puissances de l'Occident. Tant que ce royaume ne sera pas retrouvé, l'Europe sera sans frontières du côté de l'Asie, et l'Autriche et la Prusse resteront face à face vis à vis du plus puissant empire de l'univers. »

NAPOLÉON Ier. *Dictionnaire Napoléon*, p. 425.

« Le trône de Pologne se rétablira-t-il, et cette grande nation reprendra-t-elle son existence et son indépendance? Du fond de son tombeau renaîtra-t-elle à la vie? Dieu seul, qui tient dans ses mains les combinaisons de tous les événements, est l'arbitre de ce grand problème politique; mais certes il n'y eut jamais d'événement plus mémorable, plus digne d'intérêt. »

NAPOLÉON Ier. *56e Bulletin*, 1er décembre 1806.

« Si j'eusse régné lors du premier, du second et du troisième partage de la Pologne, j'aurais armé tout mon peuple pour vous soutenir. »

NAPOLÉON Ier. *A la députation de la Diète de Varsovie.* (14 juillet 1812).

ger la défaite de Waterloo (1) et de refaire du Rhin une frontière de la France (2), qu'on réparera la faute du partage de la Pologne, et que ce partage cessera d'être un péril pour l'Europe.

S'il est vrai que la Russie, guidée par le testament de Pierre le Grand, n'attende qu'une occasion propice pour mettre la main sur les clefs du Bosphore et faire de Constantinople sa troisième capitale ; s'il est vrai que la possession des Dardanelles et de Constantinople par la Russie soit le plus grand danger que l'Europe ait à redouter (3), ce n'est pas

---

(1) « Je représente un principe, une cause, une defaite. Le principe, c'est la souveraineté du peuple, la cause, celle de l'empire, la défaite, Waterloo. »

L.-N. BONAPARTE, t. 1, page 29.

(2) *Traité de Lunéville.* (9 février 1801.)

(3) « Qui pourrait calculer la durée des guerres, le nombre des campagnes qu'il faudrait faire un jour pour réparer les malheurs qui résulteraient de la perte de Constantinople, si l'amour d'un lâche repos et des délices de la grande ville l'emportait sur les conseils d'une sage prévoyance ! Nous laisserions à nos neveux un long héritage de guerres et de malheurs. »

NAPOLÉON Ier, *Message au Sénat.* (1er janvier 1807.)

« L'on peut dire que les Grecs sont Russes. »

« La tiare grecque relevée et triomphante depuis la Baltique jusqu'à la Méditerranée, on verrait, de nos jours, nos provinces attaquées par une nuée de fanatiques et de barbares ; et si, dans cette lutte tardive, l'Europe civilisée venait à périr, nôtre coupable indifférence exciterait justement les plaintes de la postérité, et serait un titre d'opprobre dans l'histoire. »

NAPOLÉON Ier, *Message au Sénat.* (29 janvier 1807.)

« La crise est grande et permanente pour le continent européen, surtout pour Constantinople : il (l'empereur Alexandre) l'a fort désirée de moi ; j'ai été fort cajolé à ce sujet ; mais j'ai constamment fait la sourde oreille. Cet empire, quelque délabré qu'il parait, deen se tenant paisiblement enfermée chez elle que la France le conjurera.

***

vait demeurer notre point de séparation à tous deux : c'était le marais qui empêchait de tourner ma droite. »

NAPOLÉON Iᵉʳ, *Mémorial de Sainte-Hélène*. (10 mars 1815.)

« La Grèce, le Péloponèse du moins, doit être le lit de la puissance européenne qui possédera l'Egypte ; ce devait être le nôtre. Et puis, au nord, un royaume indépendant, Constantinople avec ses provinces, pour servir de barrage à la puissance russe, ainsi qu'on a prétendu le faire à l'égard de la France en créant le royaume de Belgique. »

NAPOLÉON Iᵉʳ, *Mémorial de Sainte-Hélène*. (10 mars 1816.)

« J'ai pu partager l'empire turc avec la Russie ; il en a été plus d'une fois question entre nous : Constantinople l'a toujours sauvé. Cette capitale était le grand embarras, la vraie pierre d'achoppement. La Russie la voulait, je ne devais pas l'accorder : c'est une clef trop précieuse ; elle vaut à elle seule un empire ; celui qui la possédera peut gouverner le monde. »

NAPOLÉON Iᵉʳ, *Mémorial de Sainte-Hélène*. (28 avril 1816.)

« On ne peut s'empêcher de frémir à l'idée d'une telle masse, qu'on ne saurait attaquer ni par les côtés, ni sur les derrières ; qui déborde impunément sur vous, inondant tout si elle triomphe, ou se retirant au milieu des glaces, au sein de la désolation, de la mort, devenues ses réserves, si elle est défaite ; le tout avec la facilité de reparaître aussitôt si le cas le requiert.

» Qu'il se trouve un empereur de Russie, vaillant, impétueux, capable, en un mot un czar qui ait de la barbe au menton, et l'Europe est à lui. Dans une telle situation j'arriverais à Calais à temps fixe et par journées d'étape, et je m'y trouverais le maître et l'arbitre de l'Europe. Peut-être, mon cher, êtes-vous tenté de me dire comme le ministre de Pyrrhus à son maître : *Et après tout, à quoi bon?* Je réponds : A fonder une nouvelle société et à éviter de grands malheurs. L'Europe attend, sollicite ce bienfait. Le vieux système est à bout, et le nouveau n'est point assis, et ne le sera pas sans de longues et de furieuses convulsions encore.

» La Russie encore possède un immense avantage sur le reste de l'Europe ; elle a le rare avantage d'avoir un gouvernement civilisé et des peuples barbares. Chez eux les lumières dirigent et commandent, l'ignorance exécute et dévaste. »

NAPOLÉON Iᵉʳ, *Mémorial de Sainte-Hélène*. (6 novembre 1816.)

« Le patriotisme des peuples, la politique des cours de l'Eu-

S'il est vrai que la domination de l'Autriche sur l'Italie soit un grave ferment de révolution qui menace la tranquillité de l'Europe, ce n'est pas en ayant abandonné la Vénétie à son malheureux sort, après avoir fait appel à son patriotisme (1), qu'on aura fait disparaître le ferment qui paraissait si menaçant, car le joug étranger pèsera d'autant plus lourdement sur la Vénétie qu'elle sentira plus étroitement près d'elle le royaume lombardo-vénitien plus libre et plus fort, presque assez fort pour la délivrer.

---

rope n'ont empêché ni le partage de la Pologne, ni la spoliation de plusieurs nations ; ils n'empêcheront pas davantage la chute de l'empire ottoman. Ce fut à contre-cœur que Marie-Thérèse entra dans la conspiration contre la Pologne, nation placée à l'entrée de l'Europe pour la défendre des irruptions des peuples du nord. On redoutait à Vienne les inconvénients attachés à l'agrandissement de la Russie ; on n'en éprouva pas moins une grande satisfaction à s'enrichir de plusieurs millions d'âmes et à voir entrer bien des millions dans le Trésor. Aujourd'hui, comme alors, la maison d'Autriche répugnera, mais consentira au partage de la Turquie ; elle trouvera doux d'accroître ses vastes États de la Servie, de la Bosnie et des anciennes provinces illyriennes, dont Vienne jadis fut la capitale. Que feront l'Angleterre et la France ? Une d'elles prendra l'Egypte ; faible compensation ! »

NAPOLÉON Ier, *Dictionnaire Napoléon*, page 527.

« J'ai voulu amicalement refouler Alexandre vers l'Asie ; je lui ai offert Constantinople, cela est vrai. »

NAPOLÉON Ier, *Souvenirs du comte de Narbonne*, t. 1er, p. 178.

(1)   « Italiens,

» Votre désir d'indépendance, si souvent exprimé, si souvent déçu, se réalisera si vous vous en montrez dignes. Unissez-vous donc dans un seul but, l'affranchissement de votre pays. Organisez-vous militairement.....

» Animés du feu sacré de la patrie, ne soyez aujourd'hui que soldats ; demain, vous serez citoyens d'un grand pays.

» Milan, 8 juin 1859.

                              » NAPOLÉON. »

Qu'y a-t-il de faux, qu'y a-t-il de vrai dans tout le bruit qui s'est fait autour de ces trois questions : question de Pologne, question d'Italie, question d'Orient? En quoi sont-elles pareilles, en quoi sont-elles différentes? A quelle solution de chacune d'elles la France doit-elle s'appliquer? Ses principes sont-ils d'accord dans ces questions avec ses intérêts? S'ils sont opposés, lesquels doit-elle sacrifier : ses principes à ses intérêts, ou ses intérêts à ses principes?

Si la politique est un art, elle l'est au même titre que la navigation : on ne doit pas plus gouverner au gré des incidents qu'on ne doit naviguer au gré des vagues.

Extérieurement, l'Angleterre a une politique : écouler ses produits.

Extérieurement, l'Autriche a une politique : resserrer et grossir son faisceau.

Extérieurement, la Prusse a une politique : équilibrer l'Autriche.

Extérieurement, la Russie a une politique : exécuter le testament de Pierre le Grand.

Extérieurement, la France est la seule des cinq grandes puissances personnifiant l'Europe qui n'ait pas une politique.

Si l'auteur de cet écrit se trompe, que ses contradicteurs lui disent donc quelle politique extérieure est celle de la France ?

IV

La France, pendant tout le temps qu'elle a cherché à étendre ses limites par conquêtes, mariages, successions, a eu une politique extérieure dont Charlemagne est resté la plus haute personnification. Nul ne l'a dépassé, nul ne l'a égalé. Sous son règne, la France avait pour limites : au nord, la Baltique, la mer du Nord, la Manche ; à l'ouest, l'Atlantique ; au sud, l'Ebre, la Méditerranée, le Volturne ; à l'est, la Save, la Theiss, l'Oder. Il avait reconstitué l'ancienne Gaule, qui, à l'époque de la conquête de Jules-César, était divisée en trois parties : l'Aquitaine, la Belgique et la Celtique, et qui, au commencement du cinquième siècle, époque des premières incursions des Barbares, comprenait tout le pays contenu en largeur entre les Alpes, le cours du Rhin et l'Océan, et en longueur depuis l'embouchure du Rhin jusqu'aux Pyrénées et à la Méditerranée ; mais, dès que la France s'est arrêtée aux limites actuelles de son territoire, celles de 1790 ; dès que ces limites ont suffi à sa sécurité, à sa puissance, à son ambition, la France a cessé d'avoir une politique extérieure ; elle a marché à l'aventure de contradiction en contradiction ; elle n'a plus su quel usage faire de sa force expansive. Une grande nation n'a que cette seule alternative : Conquérir ou civiliser.

V

Napoléon Ier a-t-il eu extérieurement une politique?

Pendant ses quatorze années de règne, il renverse quatre trônes :

Espagne,

Naples.

Portugal,

Sardaigne,

Il nomme dix rois.

Bavière,

Espagne,

Étrurie,

Hollande,

Italie,

Naples,

Rome,

Saxe,

Westphalie,

Wurtemberg.

Il crée quatorze principautés :

Bénévent,

Berg,

Bologne,

Clèves,

Eckmühl,

Francfort,
Lucques,
Moskowa,
Neufchâtel,
Parme,
Plaisance,
Ponte-Corvo,
Suède,
Venise.

Aussi grand organisateur que grand capitaine, Napoléon Ier a été un conquérant ; il n'a pas été un politique : c'est ce qui résulte de ses propres aveux et de ses nombreuses contradictions (1). La

---

(1) « Je dépends des événements ; je n'ai pas de volonté, j'attends tout de leur issue. »

NAPOLÉON Ier, *Lettre à Joséphine.*

« Je puis avoir eu bien des plans, mais je ne fus jamais en liberté d'en exécuter aucun. J'avais beau tenir le gouvernail, quelque forte que fût la main, les lames subites et nombreuses l'étaient bien plus encore, et j'avais la sagesse d'y céder plutôt que de sombrer en voulant y résister obstinément. Je n'ai donc jamais été véritablement mon maître, mais j'ai toujours été gouverné par les circonstances ; si bien qu'au commencement de mon élévation, sous le Consulat, de vrais amis, mes chauds partisans, me demandaient parfois, dans les meilleures intentions et pour leur gouverne, *où je prétendais arriver?* et je répondais toujours que je n'en savais rien. Ils en demeuraient frappés, peut-être mécontents, et pourtant je leur disais vrai. Plus tard, sous l'Empire, où il y avait moins de familiarité, bien des figures semblaient encore me faire la même demande, et j'eusse pu leur faire encore la même réponse. C'est que je n'étais point maître de mes actes, parce que je n'avais pas la folie de vouloir tordre les événements à mon système : mais, au contraire, je pliais mon système sur la contexture imprévue des événements, et c'est ce qui m'a donné souvent les apparences de mobilité, d'inconséquence et m'en a fait accuser parfois. »

NAPOLÉON Ier, *Mémorial de Sainte-Hélène.* (11 nov. 1816.)

victoire, dans ses conseils, occupait une trop grande place pour qu'il en restât à la prévoyance. Prévoir est la science du politique ; vaincre est la science du conquérant. Il voulait, il fallait que son calendrier marquât une victoire par jour. Une première preuve que la prévoyance n'était pas au nombre de ses conseillers, c'est que, pensant du partage de la Pologne ce qu'il en pensait (1), il négligea de la reconstituer alors qu'il en eut le pouvoir et les moyens, et se borna toujours à des allocutions ayant le plus souvent le caractère d'apostrophes mortifiantes (2).

« Que de fois j'ai donc dû changer essentiellement ! Aussi ai-je vécu de vues générales bien plus que de plans arrêtés. La masse des intérêts communs, ce que je croyais être le bien du très grand nombre, voilà les ancres auxquelles je demeurais amarré, mais autour desquelles je flottais la plupart du temps au hasard. »
. NAPOLÉON Ier, *Mémorial de Sainte-Hélène*. (19 nov. 1816.)

(1) Voir la note de la page 9.

(2) « La France n'a jamais reconnu les différents partages de la Pologne ; je ne puis néanmoins proclamer votre indépendance que lorsque vous serez décidés à défendre vos droits comme nation, les armes à la main, par toutes sortes de sacrifices, celui même de la vie. On vous a reproché d'avoir, dans vos continuelles dissensions civiles, perdu de vue les vrais intérêts et le salut de votre patrie. Instruits par vos malheurs, unissez-vous et prouvez au monde qu'un même esprit anime la nation polonaise. »

« Dites aux Polonais que ce n'est pas avec ces calculs, avec ces précautions personnelles qu'on affranchit sa patrie tombée sous le joug étranger ; que c'est au contraire en se soulevant tous ensemble, aveuglément, sans réserve et avec la résolution de sacrifier sa fortune et sa vie, qu'on peut avoir, non pas la certitude, mais la simple espérance de la délivrer. Je ne suis pas venu mendier un trône pour ma famille, car je ne manque pas de trônes à donner. Je suis venu, dans l'intérêt de l'équilibre européen, tenter une entreprise des plus difficiles, à laquelle les Polonais ont plus à gagner que personne, puisque c'est de leur existence nationale qu'il s'agit en

Une seconde preuve, c'est que, pensant de la possession par la Russie du Bosphore et de Constantinople ce qu'il en pensait (1), il ne fit rien, il ne tenta rien pour mettre les clefs des Dardanelles à l'abri d'un coup de main moscovite. Une troisième preuve, c'est que, pensant de l'unité de l'Italie ce qu'il en pensait (2), il ne fit pas ce que, dans sa toute-puissance,

---

même temps que des intérêts de l'Europe. Si, à force de dévouement, ils me secondent assez pour que je réussisse, je leur accorderai l'indépendance ; sinon, je ne ferai rien, et je les laisserai sous leurs maîtres prussiens et russes. »

« Si vos efforts sont unanimes, vous pouvez concevoir l'espoir de réduire vos ennemis à reconnaître vos droits ; mais, dans ces contrées si éloignées et si étendues, c'est surtout sur l'unanimité des efforts de la population qui les couvre que vous devez fonder vos espérances de succès. »

NAPOLÉON 1er à la Députation de la Diète
de Varsovie. (14 juillet 1812.)

(1) Voir ci-dessus, pages 10, 11 et 12.

(2) « Si la Péninsule était monarchique, le bonheur de l'Europe voudrait qu'elle formât une seule monarchie qui tiendrait l'équilibre entre l'Autriche et la France, et, sur mer, entre la France et l'Angleterre. »

NAPOLÉON 1er, Dictionnaire Napoléon, p. 280.

« Quant aux quinze millions d'Italiens, l'agglomération était déjà fort avancée : il ne fallait plus que vieillir, et chaque jour mûrissait chez eux l'unité de principes et de législation, celle de penser et de sentir, ce ciment assuré, infaillible, des agglomérations humaines. La réunion du Piémont à la France, celle de Parme, de la Toscane, de Rome, n'avaient été que temporaires dans ma pensée, et n'avaient d'autre but que de surveiller, garantir et avancer l'éducation nationale des Italiens. »

NAPOLÉON 1er, Mémorial de Sainte-Hélène. (11 nov. 1816.)

« Napoléon voulait recréer la patrie italienne, réunir les Vénitiens, les Milanais, les Piémontais, les Génois, les Toscans, les Parmesans, les Modénais, les Romains, les Napolitains, les Siciliens, les Sardes, dans une seule nation indépendante bornée par les Alil eût dépendu de lui de faire pour la constituer et la rendre indissoluble. Si l'Empereur eût eu une politique arrêtée de laquelle il ne se fût pas départi, elle l'eût contenu, elle l'eût modéré, elle l'eût dirigé, elle eût été sa boussole et son lest, elle l'eût préservé de la guerre de 1808 (1) et de la guerre de 1812 (2) ; elle eût rendu impossibles, inimaginables les deux invasions de la France en 1814 et en 1815. L'empereur Alexandre, après l'entrevue de Tilsitt, le 27 juin 1807, eût-il eu un autre motif de déclarer la guerre à l'empereur Napoléon, que la Pologne rétablie l'eût retenu ; et l'empereur d'Autriche, eût-il eu le désir de se joindre à l'empereur de Rus-

---

pes, les mers Adriatique, d'Ionie et Méditerranée. C'était le trophée immortel qu'il élevait à sa gloire. Ce grand et puissant royaume aurait contenu la maison d'Autriche sur terre, et, sur mer, ses flottes, réunies à celle de Toulon, auraient protégé l'ancienne route de commerce des Indes par la mer Rouge et Suez. »

MONTHOLON, *Mémoires pour servir à l'histoire de France*, t. I, p. 137.

(1) « Cette malheureuse guerre m'a perdu. Toutes les circonstances de mes désastres viennent se rattacher à un nœud fatal. Elle a compliqué mes embarras, divisé mes forces, ouvert une aile aux soldats anglais, détruit ma moralité en Europe. Mais pourtant pouvait-on laisser la Péninsule aux machinations des Anglais, aux intrigues, à l'espoir, aux prétextes des Bourbons ? »

NAPOLÉON 1er, *Mémorial de Sainte-Hélène*. (6 mai 1816.)

(2) « Alexandre et moi, nous étions tous les deux dans l'attitude de deux bravaches qui, sans avoir envie de se battre, cherchent à s'effrayer mutuellement. Volontiers je n'eusse pas fait la guerre ; j'étais entouré, encombré de circonstances inopportunes, et tout ce que j'ai appris depuis m'assure qu'Alexandre en avait bien moins envie encore. »

NAPOLÉON 1er, *Mémorial de Sainte-Hélène*. (28 avril 1816.)

sie, que l'Italie constituée l'eût arrêté. S'il importe de vaincre, il n'importe donc pas moins de prévoir.

Avoir une politique, c'est avoir un but ; n'avoir pas de but, c'est n'avoir pas de politique. L'empereur Napoléon Ier conquérait pour conquérir : Juif errant de la victoire, il n'eut pas été arrêté par l'incendie de Moscou et par la rigueur prématurée de la saison, qu'il eût continué de marcher devant lui jusqu'à ce qu'il rencontrât ou la déroute ou la mort. Si l'empereur Napoléon Ier avait eu extérieurement une politique dont il se rendît exactement compte, il ne l'eût pas dissimulée ; il ne l'eût pas voilée ; au contraire, il l'eût fait luire à tous les yeux, dans l'un de ses mémorables bulletins, afin qu'elle rassurât ceux, toujours en très grand nombre, que l'inconnu effraye, et qu'elle rivât étroitement à sa cause ceux, rois ou peuples, qu'eussent attirés à lui la communauté d'intérêts !

VI

L'empereur Napoléon III a-t-il extérieurement une politique?

C'est ce que je cherche ici à démêler en toute bonne foi, en toute impartialité.

Rapporter étroitement tout à soi, y subordonner tout et ne faire strictement que ce qu'il y aurait absolument à faire pour prolonger son règne jusqu'à sa mort, sans tenir aucun compte de la postérité, ne serait pas, surtout de la part d'un fondateur de dynastie, ce que j'appellerais avoir une politique ; ce serait, au contraire, ce que j'appellerais n'en avoir pas.

J'écarte donc cette supposition qui serait injurieuse.

L'empereur Napoléon III a de louables aspirations politiques, il serait injuste de le nier ; mais il me paraît évident qu'il n'a pas une politique qui lui serve de fil conducteur dans le labyrinthe européen où il est entré et d'où il ne sait visiblement plus comment sortir.

S'il était nécessaire d'en donner une preuve matérielle, il suffirait de citer les deux expéditions d'Italie, celle de 1849 et celle de 1859, l'une entreprise en sens contraire de l'autre.

La guerre de Crimée a couvert de gloire l'armée française, elle a relevé considérablement dans toutes les chancelleries de l'Europe le niveau de notre influence ; mais était-ce à l'héritier de l'empereur Napoléon Ier qu'il appartenait de prendre la défense de la carte d'Europe telle que l'ont faite les traités de 1815 ? Était-ce à la France qu'il convenait d'amoindrir les forces maritimes de la Russie et d'en arrêter l'essor ?

Ne pourrait-on pas comparer la victoire de Sébastopol à la victoire de Navarin, qu'une plus saine appréciation des choses a fait considérer plus tard comme une faute couverte de gloire, mais enfin comme une faute?

En effet, puisque nous devions voler, en 1853, au secours de la Turquie, puisqu'elle devait nous avoir pour alliés, il eût mieux valu ne pas lui brûler sa flotte en 1827, et peu s'en est fallu que la France ne refît pour l'Egypte contre la Turquie ce qu'elle avait fait contre la Turquie pour la Grèce, en 1840. Il n'a pas dépendu de M. Thiers que la France ne le fît pas.

Si, dans la voie où la politique européenne est faussement engagée, la Russie était appelée à nous servir d'alliée contre l'Angleterre, ne regretterions-nous pas l'interdiction sous le coup de laquelle nous avons placé la Russie par les articles 11 et 13 du dernier traité de Paris?

L'équilibre maritime est-il donc moins important à établir en Europe que l'équilibre territorial?

L'Angleterre, dont nous servons les intérêts toutes les fois que nous détruisons ou que nous affaiblissons une marine, l'Angleterre est-elle donc une alliée sur laquelle nous puissions compter?

En admettant même que nous puissions compter sur son alliance, à quoi nous servirait-elle?

A quoi nous a-t-elle servi dans l'expédition d'Italie, où cependant il semble que toutes les sympathies de l'ancienne et naturelle alliée de l'Autriche soient pour la délivrance des Italiens?

Est-ce à dire que la France doive traiter l'Angleterre en ennemie?—Non. Avec l'Angleterre, la conduite de la France doit être celle-ci : Point de défis téméraires, de procédés blessants, mais point de concessions sans réciprocité ; jamais de faiblesse qui encourage son audace prompte à empiéter ; jamais d'humilité qui arme son orgueil facile à s'exalter. L'Angleterre, pareille à ces fleuves qui tendent toujours à déborder, a constamment besoin d'être contenue. Toute concession sans équivalent qui lui est faite est plus qu'un danger : c'est une faute, car l'Angleterre n'estime que ceux qu'elle injurie, c'est-à-dire que ceux qui lui résistent.

Est-ce à dire que la France doive rendre sérieuses les risibles appréhensions de l'Angleterre? — Non ; un débarquement sur ses côtes réussît-il, ne prouverait rien, sinon en faveur de la navigation à vapeur ; ne mènerait à rien, sinon à la nécessité d'un rembarquement.

Est-ce à dire que la France doive donner à Londres une représentation pareille à celle que l'Angleterre a donnée à Copenhague en 1807 (1)? — Non. Un acte de barbarie n'en autorise pas un autre.

---

(1) « Le Danemarck était l'État du monde qui, depuis cinquante ans, avait défendu avec le plus de courage la dignité et l'indépendance de son pavillon. Déjà cette puissance, en 1801, avait soutenu une lutte inégale et compromis le salut de sa capitale, plutôt que de sacrifier lâchement les droits de sa marine à la tyrannie des Anglais.....

» Le 6 août, un plénipotentiaire anglais, M. Jackson, arrive à Kiel. Ce qu'il vient proposer est le plus sanglant outrage qu'une puissance, dans l'ivresse de sa force, ait jamais osé faire à un État indépendant.

» Il exige :

» 1° Que le Danemark rompe immédiatement tous ses liens avec

Mais, c'est-à-dire que « l'équilibre européen »
étant ce qu'il est, la France ne saurait y regarder de

---

la France, et contracte avec l'Angleterre une alliance offensive et
défensive ;

» 2° Qu'il consente à ce que la flotte danoise soit placée sous le
commandement d'amiraux anglais.

» Si le prince royal rejette ces conditions, l'armée embarquée
sur la flotte anglaise descendra dans l'île de Sélande, attaquera Copenhague et la livrera aux flammes.

» ... Le 16 août 1807, l'armée anglaise débarqua au village de
Webeck et forma aussitôt une ligne d'investissement autour de Copenhague. De son côté, la flotte s'approcha et forma le blocus du
côté de la mer.

» Le prince royal, dans une proclamation pleine d'éloquence et
de courage, en avait appelé au patriotisme des Danois, qui y avaient
noblement répondu. La population de la Sélande s'était levée en
masse ; paysans et bourgeois avaient marché au secours de la capitale ; mais déjà l'ennemi l'enveloppait dans ses lignes profondes.
Que pouvaient des bandes de citoyens non aguerris, mal armés,
sans instruction, sans chefs et rassemblés à la hâte contre des
troupes instruites, disciplinées et pourvues d'un matériel considérable ? Les Danois furent repoussés dans toutes leurs attaques et
Copenhague resta livrée à la fureur dévastatrice des Anglais. Très
bien fortifiée du côté de la mer, cette ville ne l'était point du côté
de la terre. A défaut de remparts, il eût fallu pour la défendre une
armée de 30,000 hommes, et elle en avait à peine 6,000.

» Le 2 septembre, les Anglais ouvrirent leurs feux et firent pleuvoir sur la malheureuse cité une grêle de boulets et d'obus. Ce
bombardement dura trois jours et fit d'affreux ravages. L'incendie,
propagé partout avec une implacable furie, dévora une quantité
considérable de maisons et d'édifices publics, et coûta la vie à cinq
mille personnes, les unes atteintes par les projectiles de l'ennemi, les
autres consumées dans leurs maisons en flammes. Copenhague
n'aurait pu échapper à la honte d'une capitulation que si les habitants, exaltés par le patriotisme, avaient résolu de s'ensevelir sous
les décombres de leur ville, plutôt que de se rendre aux Anglais.
Le peuple et les nobles firent leur devoir : ils déployèrent un courageux élan. Mais les banquiers, les marchands et les bourgeois,
frappés d'épouvante, reculèrent devant les sacrifices qu'eut entraînés une lutte prolongée. Ils intervinrent auprès du général Payman, chargé de la défense de la ville, lui représentèrent l'inutilité
de la résistance et le conjurèrent de se soumettre. Le général céda
à tant d'instances et demanda à capituler. Les Anglais répondirent

trop près avant de mettre en mouvement ses armées et ses flottes, car peut-être l'ennemi qu'il s'agirait de frapper aujourd'hui était-il hier son allié nécessaire et le sera-t-il demain.

—Expédition d'Espagne aboutissant à un nouveau parjure de Ferdinand VII, et n'aboutissant pas à la reprise de nos frontières sur le Rhin (1); expédition

---

qu'ils n'y consentiraient qu'à la condition que la flotte leur serait abandonnée. Le prince royal avait expressément ordonné au général Payman, lorsqu'il avait quitté Copenhague, de brûler la flotte plutôt que de la livrer. Le général craignant de provoquer la destruction entière de Copenhague n'osa exécuter cet ordre et se détermina à remettre la flotte entre les mains des Anglais. Elle se composait de 18 vaisseaux de ligne, de 15 frégates, de 6 bricks et de 23 chaloupes canonnières. »

ARMAND LEFEBVRE, *Histoire des cabinets de l'Europe*, t. III, p. 142.

(1) M. de Chateaubriand, en se déclarant le principal auteur de la guerre d'Espagne, explique ainsi cette guerre : « La démagogie » étouffée, notre alliée la Russie dominée par notre attraction, une » armée retrouvée, nous reprenions immédiatement notre rang po » litique et militaire. Alors, dans le cabinet ou sous la tente, nous » étions à même de faire modifier de gré ou de force les odieux » traités de Vienne, de rétablir l'équilibre rompu entre nous et les » grandes puissances.

» La faute unanime du congrès de Vienne est d'avoir mis un pays » militaire comme la France dans un état forcé d'hostilité avec les » peuples riverains.

» L'Angleterre a conservé presque toutes les conquêtes qu'elle a » faites dans les colonies des trois parties du monde, pendant la » guerre de la Révolution. En Europe, elle s'est nantie de Malte et » des îles Ioniennes ; il n'y a pas jusqu'à son électorat de Hanovre » qu'elle n'ait enflé en royaume et bourré de quelques seigneuries.

» L'Autriche a augmenté ses possessions d'un tiers de la Polo » gne, des rognures de la Bavière, d'une partie de la Dalmatie et » de l'Italie. Elle n'a plus, il est vrai, les Pays-Bas, mais cette pro » vince n'a point été dévolue à la France.

» La Prusse s'est agrandie du duché ou palatinat de Posen, d'un « fragment de la Saxe et des principaux cercles du Rhin ; son poste » avancé est sur notre ancien territoire.

contre la Turquie aboutissant à l'incendie de Navarin et à l'enfantement d'un royaume de Grèce, donné à un prince de Bavière ; expédition d'Ancône, en 1831, aboutissant à l'évacuation de 1837 ; ex-

---

» La Russie a recouvré la Finlande et s'est établie sur les bords
» de la Vistule.

» Et nous, qu'avons-nous gagné à ces arrangements ?

» Nous avons été dépouillés de nos colonies ; notre vieux sol
» même n'a pas été respecté. Landau détaché de la France, Hunin-
» gue rasé, ouvrent une large brèche dans nos frontières. Un combat
» malheureux à nos armes suffirait pour amener l'ennemi sous les
» murs de Paris. Paris tombé, l'expérience a prouvé que la France
» tombe. Ainsi, il est vrai de dire que notre indépendance na-
» tionale est livrée à la chance d'une seule bataille et à une guerre
» de huit jours... »

« Nous n'aurions pas manqué d'aide pour un agrandissement ré-
» clamé dans l'intérêt du nouvel équilibre européen : Alexandre
» avait toujours cru qu'on nous avait trop dépouillés ; serrée entre
» lui et nous, l'Europe germanique ne pouvait résister à nos justes
» réclamations. Une fois redevenus puissants au moyen de nos suc-
» cès dans la Péninsule, il eut été aisé de ramener le czar à ses
» anciennes notions d'équité ; on pouvait entraîner la Prusse en re-
» prenant l'arrangement de la Saxe, abandonnée au congrès de
» Vienne pour un pot de vin de quatre millions. »

CONGRÈS DE VÉRONE, p. 174.

M. de Chateaubriand avait l'idée fixe de faire restituer à la France « la ligne du Rhin, depuis Strasbourg jusqu'à Cologne, » au moyen de l'alliance de la France avec la Russie, idée juste à laquelle il est resté fidèle jusqu'à sa mort.

Dans son MÉMOIRE SUR LES AFFAIRES D'ORIENT, remis au comte de La Ferronnays, ministre des affaires étrangères en 1828, il s'ex-
prime en ces termes : « L'alliance de la France avec l'Angleterre
» et l'Autriche, contre la Russie, est une alliance de dupe où nous
» ne trouverons que la perte de notre sang et de nos trésors ; l'al-
» liance de la Russie, au contraire, nous mettrait à même d'obtenir
» des établisssements dans l'Archipel et de reculer nos frontières
» jusqu'aux bords du Rhin... Jamais l'Autriche, jamais l'Angleterre
» ne nous donneront la limite du Rhin pour prix de notre alliance
» avec elles ; or, c'est pourtant là que tôt ou tard la France doit
» placer ses frontières, tant pour son honneur que pour sa sureté. »

pédition d'Anvers, aboutissant à la formation d'un royaume de Belgique aux mains d'un lieutenant de l'Angleterre ; première expédition d'Italie, en 1849, aboutissant à la seconde expédition d'Italie en 1859 ; expédition de Crimée aboutissant à la condition qui interdit à la Russie d'avoir des arsenaux militaires sur le littoral de la mer Noire, que prouvez-vous toutes, sinon qu'il n'est pas une seule de vous qui n'ait été un contre sens !

La France, encore si imparfaitement cultivée, n'avait-elle donc pas un meilleur emploi à faire des bras et de la vie de ses enfants ? La France, qui a manqué si longtemps de chemins vicinaux, de routes, de canaux, de chemins de fer, la France qui n'a encore, même en 1859, que la moitié des chemins de fer qu'elle devrait avoir pour mettre en pleine valeur ses minerais et ses houillères, n'avait-elle donc pas un meilleur emploi à faire de l'argent de ses emprunts ?

On punit exemplairement le commandant de vaisseau qui, par une faute, a compromis l'existence de son équipage ; on punit exemplairement la compagnie de chemin de fer qui, par une négligence d'un ou de plusieurs de ses employés, a exposé les voyageurs d'un train aux périls d'un choc ou d'un déraillement ; et il paraît tout simple que, dans une guerre dont l'avenir ne tardera pas à démontrer l'erreur, on verse à flots le sang de soldats arrachés par l'inexorabilité de la loi de recrutement à leur famille, à leur profession ; il paraît tout simple qu'on les choisisse avec le plus grand soin, n'ayant aucune infirmité, aucune difformité, pour les rendre à la vie civile estropiés, mutilés, ayant un bras, une jambe, un œil de moins! O inconséquence humaine!

L'impunité est un privilége exorbitant que la politique ne devrait plus conserver lorsque l'erreur commise conduit à la guerre déclarée, lorsque la faute coûte si cher, lorsque tant d'hommes la payent au prix de leur santé, au prix de leur sang, au prix de leur vie, lorsque tant d'intérêts en souffrent par le détournement des capitaux et l'interruption des travaux!

La guerre sans la conquête n'étant le plus souvent qu'un contresens est une de ces armes trop imparfaites auxquelles l'expérience conseille de renoncer comme trop dangereuses pour celui qui s'en sert.

S'il était impérieusement nécessaire d'y recourir, à défaut de tout autre moyen emprunté à la paix, ce ne devrait jamais être que lorsque le but qu'il s'agit d'atteindre est si clair, qu'il ne laisse absolument aucune chance d'erreur, pas même le risque de le dépasser.

Ce but était-il clair au bout de l'expédition de Crimée? Etait-il certain qu'après avoir arrêté l'armée et la flotte russes dans leur marche comminatoire vers Constantinople, l'empire turc, délivré de ce péril, ne resterait pas moins gravement menacé par lui-même, c'est-à-dire par la dilapidation de ses finances, l'ignorance de ses ministres, l'imperfection de ses rouages administratifs, la profondeur de ses abus invétérés, l'intrigue incessante dont le sultan est le jouet, la rivalité des chancelleries entre elles dont Constantinople est le théâtre? — Non. N'était-ce pas s'ériger en tuteur et assumer sur soi une solidarité d'une étendue impossible à calculer? Etait-il certain qu'après avoir fait manquer au gouvernement russe une occasion qu'il avait eu tort, cette fois, de considérer comme propice, il renoncerait à son idée fixe, à sa politique traditionnelle, et ne demeurerait pas nuit et jour aux aguets d'une autre occasion plus favorable? — Non. Etait-il certain qu'il n'éclaterait pas, soit en France, soit en Angleterre, si vulnérable par sa possession des Indes, telle conflagration qui ferait retrouver à la Russie l'occasion perdue en 1853? — Non. Donc l'expédition de Crimée n'aura servi qu'à montrer à l'Europe combien pèsent l'épée et l'argent de la France, mais à quel prix? Au prix de cent mille hommes tués et de quinze cents millions dépensés.

Ce but était-il clair au bout de l'expédition d'Italie? Si la possession de la clé des Dardanelles et de la ville de Constantinople aux mains de la Russie est un si grave danger pour l'avenir de l'Europe, était-il certain que la France eût intérêt à amoindrir territorialement l'Autriche, boulevard de la Turquie contre la Russie, à l'affaiblir militairement, à porter à l'écroulement de ses finances le dernier coup? — Non. Si l'Autriche était trop dangereusement frappée par la France, était-il

certain que la Prusse, à la tête de la Confédération
germanique, n'accourrait pas au secours de sa con-
fédérée et que la guerre en Italie ne s'étendrait pas
sur le Rhin? — Non (1). Etait-il certain que la France
pût compter sur le concours armé de la Russie, et
tout au moins sur la neutralité de l'Angleterre, si
nous étions menacés sur le Rhin par toute l'Allemagne et que, victorieux, nous eussions à faire payer
à la Prusse et à la Bavière leur intervention au prix
de la perte de leurs enclaves? — Non. Si nous étions
menacés sur le Rhin par toute l'Allemagne et que,
victorieux, nous eussions à faire payer à la Prusse et
à la Bavière leur intervention au prix de la perte de
leurs enclaves et de la restitution de nos « *limites naturelles* (2), » était-il certain que la France pût compter

____

(1) « Lorsqu'après une heureuse campagne de deux mois, les armées française et sarde arrivèrent sous les murs de Vérone, la
lutte allait inévitablement changer de nature, tant sous le rapport
militaire que sous le rapport politique. J'étais fatalement obligé
d'attaquer de front un ennemi retranché derrière de grandes forteresses, protégé contre toute diversion sur ses flancs par la neutralité des territoires qui l'entouraient, et en commençant la longue et
stérile guerre des siéges, je trouvais en face l'Europe en armes
prête soit à disputer nos succès, soit à aggraver nos revers.

» Il fallait se résoudre à briser hardiment les entraves opposées
par les territoires neutres, et alors accepter la lutte sur le Rhin
comme sur l'Adige. Il fallait partout franchement se fortifier du
concours de la révolution. Il fallait répandre encore un sang pré-
cieux qui n'avait que trop coulé déjà ; en un mot, pour triompher,
il fallait risquer ce qu'il n'est permis à un souverain de mettre en
jeu que pour l'indépendance de son pays. »

NAPOLÉON Iᵉʳ, *Discours aux grands corps de l'État*. (19 juillet 1859.)

(2) Paris, 19 janvier 1814.

« La chose sur laquelle l'Empereur insiste le plus, c'est la néces-

sur le concours armé de la Russie, et tout au moins sur la neutralité de l'Angleterre? — Non. Si nous étions vainqueurs des Alpes à l'Adriatique, était-il certain que l'Italie, délivrée de la domination étrangère, ne se diviserait pas en deux camps ennemis : partisans de l'unité italienne, partisans de la confédération italienne? — Non. Si le parti de l'unité italienne l'emportait, était-il certain que ce ne fût pas la chute de la puissance temporelle du pape? — Non. Si le pape perdait son pouvoir temporel, était-il certain qu'il pût continuer de résider à Rome, érigée en ville libre, ou qu'il pût venir se fixer soit à Avignon, soit à Paris (1)? — Non. Donc l'expédition d'Italie, en 1859 comme en 1849, n'aura servi qu'à montrer deux fois ce que toute intervention peut

---

sité que la France conserve SES LIMITES NATURELLES; c'est la condition *sine quâ non*. Toutes les puissances, l'Angleterre même, ont reconnu ces limites à Francfort. La France, réduite à ses limites anciennes, n'aurait pas aujourd'hui les deux tiers de la puissance relative qu'elle avait il y a vingt ans. Ce qu'elle a acquis du côté du Rhin ne compense point ce que la Russie, l'Autriche et la Prusse ont acquis par le démembrement de la Pologne. Tous ces États se sont agrandis : vouloir ramener la France à son état ancien, ce serait la faire déchoir et l'avilir. La France, sans les départements du Rhin, sans la Belgique, sans Ostende, sans Anvers, ne serait rien...»

Signé : CAULAINCOURT, duc de Vicence.

(1) « C'est après cela seulement qu'il sera possible de tout arranger et d'en finir avec cette affaire de Rome et du pape. Ne croyez pas que je veuille innover en religion. Je ne suis pas un Abdallah-Menou. Je serai un Constantin, mais ni docile temporellement, ni schismatique dans la foi. Si je garde Rome pour mon fils, je donnerai Notre-Dame au Pape. Mais Paris alors sera élevé si haut dans l'admiration des hommes, que la cathédrale deviendra naturellement celle du monde catholique. »

NAPOLÉON 1er, *Souvenirs du comte de Narbonne*, t. I, p. 178.

faire éclore de complications et de dangers, ce qu'elle peut coûter d'hommes et d'argent.

Si les expéditions de Crimée et d'Italie étaient à recommencer, la France ferait donc bien de s'en abstenir. En 1849, comme en 1853, en 1853 comme en 1859 la politique que devait prêcher et pratiquer la France, c'était la politique de non-intervention absolue (1).

____

(1) Non-intervention! est aussi devenu le mot d'ordre de l'opposition anglaise. Dans le grand banquet qui a été donné le samedi 29 octobre 1859, à Liverpool, lord Malmesbury, prenant la parole après lord Derby et avant M. d'Israëli, s'est exprimé en ces termes : « Notre isolement géographique a fait jusqu'ici notre sûreté, et, » comptez-y, ce même isolement de toute intervention étrangère » sera souvent notre plus sûr gage de tranquillité dans l'avenir. Il » se peut que nous soyons une nation guerrière ; mais nous ne » sommes pas un peuple militaire. L'industrie et le commerce, » voilà notre véritable élément. Ce fait, écrit dans toute notre his- » toire, ne nous empêchera jamais, cependant, de défendre nos » propres droits et notre propre pays. Mais il s'oppose, comme il » devrait constamment s'opposer à ce que nous nous mêlions des » affaires intérieures d'autres États. »

Le principe de non-intervention absolue a été exposé et défendu en ces termes par M. Guizot : « Les nations ont revendiqué le droit » de se gouverner comme elles en avaient besoin, fantaisie, si vous » voulez. C'est le principe de la liberté des nations qui a résisté à » ces essais d'unité factice et violente. Et quel nom porte aujour- » d'hui ce principe? Celui de non-intervention. C'est le principe » de la non-intervention qui représente aujourd'hui la liberté des » nations dans leurs rapports entre elles. C'est ce principe qui a » été invoqué contre la monarchie de Louis XIV, contre la répu- » blique conventionnelle, contre l'empire ; que nous avons invo- » qué nous-mêmes pendant quinze ans contre la sainte-alliance.

» Eh bien! il s'agit aujourd'hui de savoir si ce principe sera » maintenu par notre gouvernement, si nous respecterons la liberté » des nations, ou si nous recommencerons ces tentatives violentes » que je viens d'indiquer.

» Peu importe le mode d'intervention, le titre auquel l'interven- » tion se fait. On peut intervenir de plus d'une manière ; on peut

VII

Je connais l'objection qui me sera faite contre la politique de non-intervention absolue : je puis donc y répondre.

Si la France n'était pas intervenue pour assiéger Rome en 1849, alors il eût été possible que l'Autriche eût eu l'insigne gloire de bombarder la ville éternelle et de disperser la représentation romaine. Soit. Eh bien ! où donc eût été le mal pour nous que ce fût l'Autriche qui s'acquittât de cette besogne et

---

» intervenir par des relations diplomatiques ou par des conspira-
» tions ; on peut intervenir par des congrès ou par des sociétés se-
» crètes ; on peut intervenir au nom du principe de la légitimité ou
» du principe de la souveraineté du peuple. Quelle que soit l'ori-
» gine de l'intervention, quels que soient les moyens par lesquels
» elle s'exerce, dès qu'elle est armée, violente, elle porte atteinte
» à la liberté des nations ; elle est une violation de ce principe sa-
» lutaire de non intervention qui est la base du droit des gens.
» Il y a, je le répète, mille manières de violer ce principe. Je ne
» crois pas que l'une soit meilleure que l'autre. »

(Chambre des députés, 16 janvier 1835.)

C'était la politique de Casimir Périer s'exprimant ainsi : « Jamais
» nous ne nous défendrons d'une vive sympathie pour les progrès des
» sociétés européennes. Mais leurs destinées sont dans leurs mains,
» et la liberté doit toujours être nationale. Toute intervention lui
» nuit et la compromet. De la part des particuliers, c'est un mau-
» vais service rendu aux peuples. De la part des gouvernements,
» c'est un crime contre le droit des gens ! »

(Chambre des députés, 17 mars 1831.)

La preuve que Casimir Périer avait raison en s'exprimant ainsi, c'est la prise d'Ancône, démenti qu'il se donna à lui-même et qui ne mena à rien qu'à l'évacuation d'Ancône en 1837.

que la France s'en dispensât? L'Autriche n'en eût été que plus détestée, conséquemment moins influente en Italie.

Si la France n'était pas intervenue pour protéger la Turquie, en 1853, si elle eût laissé l'Angleterre promener solitairement ses flottes dans la mer Noire, il eût été possible que l'armée russe eût rétabli la croix au lieu du croissant sur le dôme de Sainte-Sophie, de mosquée redevenue église. Soit. Eh bien! où donc eût été le mal pour nous que ce fût la Russie qui fît revivre pour la France le droit de la conquête, puisque nous nous imposons chaque année la dépense d'une armée et d'une flotte qui nous coûtent ensemble plus de cinq cents millions? A ce propos, je me souviens d'avoir répondu, en 1846, à M. Guizot, ministre des affaires étrangères, qui m'avait fait l'honneur de me demander ce que je pensais de la protestation contre l'incorporation de Cracovie, qu'il allait transmettre à notre ambassadeur à Vienne, protestation d'ailleurs conçue dans les termes les plus fermes et les plus dignes : « Si j'étais à votre place, je n'enverrais pas cette protestation. — Que feriez-vous donc ? — J'enverrais à l'ambassadeur de France à Vienne l'ordre d'illuminer toutes les portes et toutes les fenêtres de son hôtel. — Pourquoi ? — En signe de réjouissance. — Eh! de quoi donc ? — De ce que les signataires des traités de 1815 viennent de les déchirer de leurs propres mains, et de ce qu'ils ne sauraient plus désormais les invoquer. »

L'immixtion extérieure qui aboutit fatalement à

l'intervention armée ou à la reculade toujours mal déguisée est une lâcheté comme en 1840, ou un danger comme en 1859. Elle n'est pas une politique, ou, si elle en est une, elle est la politique dont un État ne saurait trop soigneusement se garder.

VIII

Dès que la France a donné sa démission de l'esprit de conquête, dès qu'elle a élevé le fait accompli à la hauteur d'un principe établi, alors c'est qu'elle aspire à devenir de plus en plus une grande puissance industrielle, conséquemment commerciale, conséquemment maritime.

Dès que la France, par la loi même de sa propre pesanteur, aspire à occuper industriellement, commercialement, maritimement un rang égal à celui qu'elle occupe territorialement en Europe, la France est en possession d'une politique si nettement tracée qu'il lui serait impossible, le voulût-elle, de s'égarer.

La Russie veut-elle s'emparer du détroit des Dardanelles : la France est l'alliée de l'Angleterre contre la Russie, mais à la condition que l'Angleterre consentira à neutraliser le détroit de Gibraltar, ainsi que le détroit de Bab-el-Mandeb menacé par Aden, à restituer à la Turquie Périm, clef de la mer Rouge, à désarmer Corfou, clef de l'Adriatique, et à démanteler Malte, qu'elle nous a enlevée et qu'elle devait nous rendre au traité d'Amiens.

L'Angleterre persiste-t-elle à garder comme forteresses maritimes Gibraltar, qu'elle a volé à l'Espagne, Malte et Corfou, qu'elle a prises à la France, Aden, qu'elle s'est appropriée et dont elle a fait le Gibraltar de la mer Rouge, Périm, qu'elle retient sans tenir compte ni des réclamations ni des protestations de la Turquie : la France est l'alliée de la Russie contre l'Angleterre, mais à la condition que tous les détroits, à commencer par celui des Dardanelles, seront neutralisés, que toutes les mers seront neutres, que toutes les mers seront libres, qu'il ne pourra plus y en avoir une seule de barrée par la portée des canons.

Une admirable occasion s'est présentée pour la France d'entrer dans cette politique et d'y faire entrer, soit avec elle, soit après elle, toute l'Europe intéressée ; cette occasion, c'est l'opposition impudente autant qu'imprudente faite par l'Angleterre au percement de l'isthme de Suez.

Il y avait à constater hautement cette opposition et à en tirer toutes les conséquences.

Il y avait à en prendre acte devant l'Europe entière.

Il y avait à en faire le point de départ du nouveau droit européen : le droit à la mer.

Il y avait à en faire le lien de toutes les puissances qui ont : ne fût-ce qu'un seul port, ne fût-ce qu'un seul vaisseau, ne fût-ce qu'une seule colonie.

De cette coalition maritime fût née la confédération maritime.

De cette confédération maritime, par voie de conséquence, fût née la confédération territoriale, qui eût naturellement amené le désarmement européen, puisqu'elle eût été la Confédération pacifique se substituant à la Confédération germanique.

L'Angleterre porte un masque sur la figure : se présentera-t-il jamais une plus belle occasion de le lui ôter ?

L'Angleterre a un parlement, une tribune retentissante, une presse indépendante ; elle est le pays du libre examen et de la libre discussion ; se présentera-t-il jamais un terrain sur lequel la France ait plus d'avantage à amener l'Angleterre pour la prendre en flagrant délit de contradiction entre ses discours et ses actes ?

Ou l'Angleterre représente la civilisation dans les deux mondes, ou elle ne représente que la féodalité maritime en opposition avec l'intérêt de toutes les puissances européennes : si elle représente la civilisation, qu'elle le prouve en désarmant Gibraltar, Corfou, Malte, Aden, Perim ! Si elle ne représente que la féodalité maritime, qu'elle soit contrainte de l'avouer afin que l'Europe sache indubitablement à quoi s'en tenir ! Mais alors que l'Angleterre ne s'étonne ni ne se plaigne si la France et la Russie s'unissent pour la serrer à la gorge. L'Angleterre a le col long. Si elle lève la tête en Europe, elle tend le col en Asie. Il n'y a qu'à serrer les mains.

Le percement de l'isthme de Suez est le défaut de la cuirasse britannique. L'empereur Napoléon III paraît l'avoir vu, peut-être un peu tard ; mais s'il l'a vu, qu'importe !

En fait, dès que la France et la Russie s'entendent, dès qu'elles sont d'accord, le détroit des Dardanelles est en leurs mains ; elles peuvent donc, certaines d'être suivies par les Etat-Unis, se présenter à l'Angleterre en lui disant : Détroit contre détroit, détroit de Gibraltar contre détroit des Dardanelles.

L'Angleterre ferme-t-elle l'oreille à cette proposition fondée sur l'équité, appuyée sur la liberté, entée sur la civilisation, la France dit à l'Espagne : « Ne redoutez rien, comptez sur moi, prenez et gardez Tanger ! (1) »

Non ; on ne doit pas déclarer la guerre à l'Angleterre au nom d'une rancune à la marque de Waterloo ou à la marque du *Bellerophon*, encore moins à la marque du droit d'asile, quand les Anglais en défendent glorieusement l'inviolabilité, ou à la marque du droit de discussion, fût-il porté à ses limites extrêmes, quand ils en déclinent justement la responsabilité ; mais, s'il le fallait, on pourrait la lui déclarer au nom de la civilisation, toute aussi engagée, et plus sincèrement, dans le désarmement des détroits que dans l'abolition de la traite des noirs.

---

(1) « L'Espagne n'est pas une puissance qui se soutienne par elle-même ; il faut qu'elle s'appuie sur la France ou sur l'Angleterre. Il importe autant à la Grande-Bretagne d'empêcher la prépondérance des Français en Espagne, que si ce royaume était une province d'Angleterre, ou qu'elle en dépendît autant que le Portugal. » BURKE, *Mémoire sur les affaires d'Etat.* (1792.)

Si l'Angleterre, renonçant aux stipulations des traités d'Utrecht et d'Aix-la-Chapelle (1), a fait de l'abolition de la traite l'un des fondements de sa politique extérieure, l'une des conditions expresses de tous ses traités (2), pourquoi la France, aux ap-

---

(1) TRAITÉ D'UTRECHT. (15 juillet 1713.)

« Art. 12. — Le roi d'Espagne accorde à la Grande-Bretagne, à l'exclusion tant des sujets espagnols que de tous autres, le droit d'introduire les nègres dans les différentes parties de l'Amérique espagnole, *el paeso de el asiento de negros* (le pays de la ferme des nègres), pour en jouir pendant trente ans, à dater du 1er mai 1713. »

TRAITÉ D'AIX-LA-CHAPELLE. (1748.)

L'Angleterre demande et obtient le renouvellement de son commerce qualifié de « droit d'introduction des nègres. »

(2) TRAITÉS, ACTES ET ARTICLES RELATIFS A L'ABOLITION ET A LA RÉPRES-SION DE LA TRAITE DES NOIRS, ÉMANÉS DE L'INITIATIVE DE LA GRANDE-BRETAGNE.

Traité du 30 mai 1814 avec la France. — Article additionnel avec la Grande-Bretagne : « S. M. Très Chrétienne, partageant sans ré-serve tous les sentiments de S. M. Britannique relativement à un genre de commerce que repoussent et les principes de la justice naturelle et les lumières des temps où nous vivons, s'engage à unir, au futur Congrès, tous ses efforts à ceux de S. M. Britannique pour faire prononcer, par toutes les puissances de la chrétienté, l'abolition de la traite des noirs ; de telle sorte que ladite traite cesse universellement, comme elle cessera définitivement et dans tous les cas, de la part de la France, dans un délai de cinq années, et qu'en outre, pendant la durée de ce délai, aucun trafiquant d'esclaves n'en puisse importer ni vendre ailleurs que dans les colonies de l'État dont il est sujet. »

Traité du 22 janvier 1815 avec le Portugal : « S. A. R. le prince régent de Portugal ayant déclaré sa résolution de coopérer avec S. M. Britannique dans la cause de l'humanité et de la justice en adoptant les mesures les plus efficaces pour opérer une abolition successive du commerce des esclaves ; et S. A. R., en suite de la-dite déclaration, désireuse d'effectuer, de concert avec S. M. B. et les autres puissances de l'Europe qui ont été engagées à prendre part à cet objet bienveillant, une abolition immédiate de ce trafic

plaudissements du monde entier, ne ferait-elle pas également du désarmement des détroits l'un des

---

sur les parties de la côte d'Afrique situées au nord de la ligne; S. M. B. et S. A. R. le prince régent de Portugal, également animés du désir sincère d'accélérer le moment où les bénédictions d'une paisible industrie et d'un commerce innocent peuvent être encouragées dans cette partie considérable du continent de l'Afrique en la délivrant des maux du commerce des esclaves, sont convenus de conclure un traité à cette fin... »

Déclaration des puissances du 8 février 1815 : « Les plénipotentiaires des puissances qui ont signé le traité de Paris du 30 mai 1814, réunis en conférence, ayant pris en considération que le commerce connu sous le nom de *traite des nègres d'Afrique* a été envisagé, par les hommes justes et éclairés de tous les temps, comme répugnant aux principes d'humanité et de morale universelle ;

» Que les circonstances particulières auxquelles ce commerce a dû sa naissance, et la difficulté d'en interrompre brusquement le cours, ont pu couvrir jusqu'à un certain point ce qu'il y avait d'odieux dans sa conservation, mais qu'enfin la voix publique s'est élevée dans tous les pays civilisés pour demander qu'il soit supprimé le plus tôt possible ;

» Que, depuis que le caractère et les détails de ce commerce ont été mieux connus, et les maux de toute espèce qui l'accompagnent complètement dévoilés, plusieurs des gouvernements européens ont pris en effet la résolution de le faire cesser, et que successivement toutes les puissances possédant des colonies dans les différentes parties du monde ont reconnu, soit par des actes législatifs, soit par des traités et autres engagements formels, l'obligation et la nécessité de l'abolir ;

» Que, par un article séparé du dernier traité de Paris, la Grande-Bretagne et la France se sont engagées à réunir leurs efforts au Congrès de Vienne pour faire prononcer, par toutes les puissances de la chrétienté, l'abolition universelle et définitive de la traite des nègres ;

» Que les plénipotentiaires rassemblés dans ce Congrès ne sauraient mieux honorer leur mission, remplir leur devoir et manifester les principes qui guident leurs augustes souverains, qu'en travaillant à réaliser cet engagement, et en proclamant, au nom de leurs souverains, le vœu de mettre un terme à un fléau qui a si longtemps désolé l'Afrique, dégradé l'Europe et affligé l'humanité ;

» Lesdits plénipotentiaires sont convenus d'ouvrir leurs délibérations sur les moyens d'accomplir un objet aussi salutaire par une

fondements de sa politique extérieure, l'une des conditions expresses de ses traités et de son alliance ?

---

déclaration solennelle des principes qui les ont dirigés dans ce travail.

» En conséquence, et duement autorisés à cet acte par l'adhésion unanime de leurs cours respectives au principe énoncé dans ledit article séparé du traité de Paris, ils déclarent à la face de l'Europe que, regardant l'abolition universelle de la traite des nègres comme une mesure particulièrement digne de leur attention, conforme à l'esprit du siècle et aux principes généreux de leurs augustes souverains, ils sont animés du désir sincère de concourir à l'exécution la plus prompte et la plus efficace de cette mesure, par tous les moyens à leur disposition, et d'agir, dans l'emploi de ces moyens, avec tout le zèle et toute la persévérance qu'ils doivent à une aussi grande et belle cause.

» Trop instruits toutefois des sentiments de leurs souverains pour ne pas prévoir que, quelque louable que soit leur but, ils ne le poursuivront pas sans de justes ménagements pour les intérêts, les habitudes et les préventions mêmes de leurs sujets, lesdits plénipotentiaires reconnaissent en même temps que cette déclaration générale ne saurait préjuger le terme que chaque puissance en particulier pourrait envisager comme le plus convenable pour l'abolition définitive du commerce des nègres ; par conséquent, la détermination de l'époque où ce commerce doit universellement cesser sera un objet de négociation entre les puissances ; bien entendu que l'on ne négligera aucun moyen propre à en assurer et à en accélérer la marche, et que l'engagement réciproque contracté par la présente déclaration entre les souverains qui y ont pris part ne sera considéré comme rempli qu'au moment où un succès complet aura couronné leurs efforts réunis.

» En portant cette déclaration à la connaissance de l'Europe et de toutes les nations civilisées de la terre, lesdits plénipotentiaires se flattent d'engager tous les autres gouvernements, et notamment ceux qui, en abolissant la traite des nègres, ont manifesté déjà les mêmes sentiments, à les appuyer de leur suffrage dans une cause dont le triomphe final sera un des plus beaux monuments du siècle qui l'a embrassée et qui l'aura glorieusement terminée. »

Vienne, le 8 février 1815.

Traité du 20 novembre 1815 avec la France.—*Article additionnel :* « Les hautes puissances contractantes, désirant sincèrement de donner suite aux mesures dont elles se sont occupées au Congrès de

Ce serait alors que la France, ce serait alors que l'empereur Napoléon III tiendrait dans ses mains le fil du labyrinthe européen.

IX

La liberté de la mer est une liberté initiale ; elle ne tarde pas à appeler à elle la liberté des échanges,

---

Vienne, relativement à l'abolition complète et universelle de la traite des nègres d'Afrique, et ayant déjà, chacune dans ses États, défendu à leurs colonies et sujets toute part quelconque à ce trafic, s'engagent à réunir de nouveau leurs efforts pour assurer le succès final des principes qu'elles ont proclamés dans la déclaration du 4 février 1815, et à concerter, sans perdre de temps, par leurs ministres aux cours de Paris et de Londres, les mesures les plus efficaces pour obtenir l'abolition d'un commerce aussi odieux et aussi hautement réprouvé par les lois de la religion et de la nature. »

Convention du 18 juillet 1817, additionnelle au traité du 22 janvier 1815 avec le Portugal.

Conférence du 4 décembre 1817 avec l'Autriche, la France, la Grande-Bretagne, la Prusse et la Russie.

Traité du 23 septembre 1817 avec l'Espagne.

Traité du 4 mai 1818 avec les Pays-Bas.

Actes et Conférences du 19 novembre 1818 entre les plénipotentiaires des cinq cours au congrès d'Aix-la-Chapelle.

Traité du 10 décembre 1822 avec l'Espagne.

Traité du 6 novembre 1824 avec la Suède.

Traité du 23 novembre 1826 avec le Brésil.

Traité du 19 novembre 1839 avec la république du Chili.

Traité du 15 juillet 1839 avec la république de l'Uruguay.

Traité du 25 septembre 1840 avec la république de Bolivie.

Traité du 16 novembre 1840 avec la république du Texas.

Traité du 24 février 1841 avec la république du Nicaragua.

Traité du 20 décembre 1841 avec l'Autriche, la France, la Russie et la Prusse.

Traité du 3 juillet 1842 avec le Portugal.

Traité du 29 mai 1845 avec la France.

et l'échange des produits ne tarde pas à être suivi de l'échange des idées.

Que l'ancien monde se transforme économiquement, et il ne tardera pas à se transformer politiquement sans révolutions et sans guerres.

Je dis sans guerres, car l'Angleterre, telle qu'elle est menacée dans ses possessions des Indes, ne se hasarderait certes pas à soutenir à elle seule une lutte maritime contre toutes les marines des deux mondes rangées autour de la marine française.

Je dis sans révolutions, car toutes les questions de liberté de croyance, de liberté de discussion, de liberté de réunion se résoudront successivement et naturellement d'elles-mêmes dès que ceux des gouvernements qui ont été jusqu'à ce jour réfractaires à ces libertés seront entrés plus avant dans la voie où les chemins de fer les ont déjà attirés. Le commerce, c'est la civilisation à l'état de chrysalide; la civilisation, c'est la conquête à son tour transformée, c'est la conquête par tous au lieu de la conquête par un. Point d'État florissant sans liberté! Est-ce que l'Autriche est florissante? Est-ce que la Russie est florissante? Est-ce que la France, elle-même, est aussi florissante qu'elle pourrait et qu'elle devrait l'être? Tout gouvernement qui ne voudra pas s'exposer à périr par la ruine, par la banqueroute, par le chômage, par la grève, par l'insuffisance des voies de communication, par l'imperfection des moyens de transport, par l'absence des établissements de crédit, sera donc contraint de donner la liberté afin de rétablir l'égalité entre son pays et les autres pays. Ce n'est là qu'une question de temps. Ce temps sera plus ou moins court, selon que les lignes de chemins de fer partout commencées s'achèveront plus ou moins rapidement. La liberté est plus certainement contenue dans le fer du rail que la gloire n'était anciennement contenue dans le fer de la lance, du glaive ou de la baïonnette. La liberté est plus sûre de son triomphe définitif en posant deux rails, l'un au bout de l'autre, pour unir deux peuples, qu'en posant pavés sur pavés pour planter sur une barricade le drapeau d'une révolution.

Qu'on le sache bien ! il n'y a que la main de la liberté qui puisse dénouer le nœud des nationalités.

Nationalité est un de ces mots trompeurs dont il serait temps, enfin, que les peuples cessassent d'être dupes. Ce mot, comme celui de Gloire, a été conservé afin de rendre les nations moins avares de leur sang et de leur argent.

Nationalité était un mot qui avait une signification aux temps où le vaincu tombait sous l'esclavage du vainqueur. On comprenait parfaitement alors qu'il importât à un peuple de s'agrandir territorialement afin d'acquérir toutes les probabilités d'être le plus fort numériquement ; mais depuis que la victoire, s'acheminant vers la civilisation, a répudié l'esclavage, le mot nationalité, s'il a gardé son prestige, a perdu sa signification. Que vont gagner les Lombards dans le recouvrement de leur nationalité ? Incorporés au Piémont au lieu d'être incorporés à l'Autriche, en seront-ils plus libres de refuser l'impôt s'il demeure aussi difficile, aussi lourd à payer aux percepteurs de S. M. le roi Victor-Emmanuel qu'il était lourd et difficile à payer aux percepteurs de S. M. l'empereur François-Joseph ? En seront-ils plus libres de n'être pas soldats si telle n'est pas leur vocation ? L'enrôlement volontaire succédera-t-il au recrutement obligatoire ? Le contingent militaire qu'ils auront à fournir sera-t-il plus faible ? Y aura-t-il un autre changement que le changement de couleur de l'uniforme, de la cocarde et du drapeau ? S'il arrivait, ce qui ne serait pas absolument impossible, que les Lombards, déçus dans leurs espérances, dans leurs illusions, après avoir revendiqué l'annexion, revendiquassent la séparation, les journaux de Milan, plus heureux que les journaux de la Savoie, auraient-ils la liberté de traduire le vœu des populations, et serait-il bien sûr que la Lombardie ne fût pas mise en état de siége par le Piémont ? État de siége pour état de siége, canons braqués pour canons braqués, journaux supprimés pour journaux supprimés, qu'aurait gagné la Lombardie à un changement de gouvernement aboutissant au même régime ? Si les Lombards manquaient de liberté sous la domination autrichienne, les Napolitains en ont-ils plus sous la domination napolitaine ? Le degré de liberté ne dépend donc pas de ce que la domination est ou n'est pas étrangère, il dépend de ce que le gouvernement est ou n'est pas éclairé. Sans la liberté individuelle qu'est-ce que l'indépendance nationale ? C'est l'ombre poursuivie pour la proie. La nationalité est à la liberté ce que le principe inférieur est au principe supérieur par lequel il est absorbé, ce que la partie est à l'entier.

Si je reviens si longuement sur la question des nationalités, fausse question fort en faveur dans la presse superficielle, c'est qu'il n'est pas une question dans laquelle il soit plus dangereux d'engager le doigt. C'est le cylindre où, après la main, le corps passe, si l'on ne se hâte de la séparer du bras. La paix de Villafranca a été la main de la France héroïquement coupée, héroïquement sacrifiée; mais si en sacrifiant la main on sauvait le corps, en ne mettant pas le doigt on sauvait la main.

Entre la conquête, qui est le droit du plus fort, et la liberté, qui est le droit du plus faible, il n'y a pas de place pour la nationalité qui est un fait, mais n'est pas un droit.

X

Si les déductions qui précèdent sont vraies, la politique de l'empereur Napoléon III, éclairé par les trois expéditions de 1849, de 1853 et de 1859, est désormais tracée.

Ou le droit de la conquête a cessé de faire partie du droit européen, ou il continue d'en être un des éléments; s'il continue d'en être un des éléments, la Russie possède la Pologne, et l'Autriche possédait la

Lombardie au même titre que nous avons possédé, sous Charlemagne et sous Napoléon le Grand, et que nous pourrions posséder encore tout le territoire inclus entre la rive gauche du Rhin et notre frontière actuelle de Lille à Strasbourg ; s'il a cessé d'en faire partie, le moment est venu pour un grand souverain de prendre l'initiative du désarmement européen dans l'intérêt de tous : peuples et gouvernements.

Quelle voix aurait plus d'écho, quelle voix retentirait plus loin, plus haut, plus bas, quelle voix serait plus écoutée, quelle voix serait mieux accueillie que celle de l'empereur Napoléon III, proposant à toute l'Europe de désarmer, et lui donnant l'exemple, mais en reportant sur le budget de la marine ce qui serait épargné sur le budget de la guerre, à moins que la reine de la Grande-Bretagne ne changeât de conseillers en appelant Richard Cobden et John Bright à succéder à lord Palmerston et à lord Russell, ne se piquât d'émulation et ne donnât, elle aussi, un grand exemple, celui du désarmement des détroits.

Alors la question d'Orient s'effacerait d'elle-même de l'ordre du jour où elle est inscrite au premier rang des plus graves préoccupations de l'Europe ; elle ne serait plus qu'une question intérieure de race et de nombre, de courage et de croyance, entre les chrétiens opprimés et les musulmans oppresseurs. S'il était vrai, ainsi qu'on s'accorde à le dire, que ceux-ci fussent dégénérés à ce point qu'ils ne pussent plus continuer de régner sur ceux-là, si les musulmans déchus avaient mérité de prendre, à leur tour, la place de ceux qu'ils ont si longtemps asservis; eh bien! ce serait la loi du progrès qui s'accomplirait. Les plus capables commanderaient; les moins capables obéiraient. S'il en était ainsi, l'Europe aurait plutôt à s'en réjouir qu'à s'en inquiéter, dès qu'elle serait assurée que les Dardanelles resteraient toujours ouvertes sans qu'il fût au pouvoir de personne de les fermer.

Alors la question de la Pologne, elle aussi, s'atténuerait considérablement, puisque ni la Russie, ni la Prusse, ni l'Autriche n'auraient plus à demander aux Polonais l'impôt qui leur coûte le plus à payer, l'impôt du temps, l'impôt du sang. Les gouvernements ne savent pas quelle force, quelle popularité, quelle stabilité ils acquerraient tous le jour où ils pourraient renoncer au recrutement obligatoire et le convertir en enrôlement volontaire, le jour où ils pourraient employer en travaux publics : chemins, routes, voies ferrées, canaux, amélioration de la navigation et des ports, une grande partie de ce que ces mêmes gouvernements dépensent en équipements, armements et solde des troupes. Si les gouvernements savaient ce qu'ils gagneraient au désarmement européen et à l'abolition du servage militaire, dernière trace du servage féodal, il y a longtemps qu'ils n'hésiteraient plus!

Alors la troisième question, la question d'Italie, encore si compliquée, se simplifierait également, ce qui n'aura pas lieu si le Piémont croit nécessaire d'entretenir une armée assez considérable pour faire contre-poids à l'armée autrichienne, maîtresse de Vérone, dans telle éventualité qui pourrait lier les mains de la France obligée de porter ses forces ailleurs qu'en Italie; conséquemment, si le Piémont fait peser sur la Lombardie et sur lui-même le poids d'une loi de recrutement qui ne tardera pas, particulièrement dans les campagnes, à le dépopulariser.

Quel autre moyen, je le demande, de dénouer ou de trancher les trois questions d'Orient, d'Italie et de Pologne, questions qu'il serait imprudent de laisser suspendues au-dessus de nos têtes ? Plus d'une fois, depuis 1815, notamment en 1820, en 1828, en 1831, en 1840, en 1847, en 1849, en 1853, en 1859, il s'en est fallu de peu que ces trois questions n'allumassent, à tour de rôle, le feu aux quatre coins de l'Europe ! Ne serait-il pas plus sage de prévenir l'incendie, quand il en est temps encore, que d'attendre qu'il ait éclaté et qu'il soit peut-être trop tard pour l'éteindre ?

XI

L'empereur Napoléon III a donné à l'Europe la mesure militaire de la France, de ce qu'elle ose et de ce qu'elle peut; de plus, il a donné aux souverains un grand exemple ; il leur a montré comment on s'arrêtait de soi-même aussitôt qu'on s'apercevait que la voie dans laquelle on était entré vous détournait du but au lieu de vous y conduire; et si l'on avait commis une faute, comment on y échappait en se hâtant d'en convenir hautement, franchement, dignement !

L'empereur Napoléon III peut donc, s'il le veut, mettre fin à la succession des avortements, fermer l'ère de la guerre et des révolutions, ouvrir l'ère de la paix et des solutions.

Au lieu d'un congrès spécial qui perdra son temps à régler la question italienne dans les termes où elle est posée, pourquoi l'empereur Napoléon III ne proposerait-il pas à toutes les puissances de l'Europe, grandes, moyennes et petites, de faire partie d'un congrès général qui serait saisi du règlement simultané des trois questions d'Orient, d'Italie et de Pologne, au moyen de la neutralisation des détroits, de l'abolition du recrutement, cette traite des blancs, et de la suppression des douanes, trois réformes qui ne tarderaient pas à avoir pour conséquences l'unité de monnaies, l'unité de poids et mesures, l'unité d'impôt.

Dans ce congrès, celui-ci vraiment européen, chaque puissance aurait autant de voix qu'elle compterait de fois, en Europe, un million d'habitants.

Le congrès nommerait une commission qui serait chargée de refondre en un seul traité, portant le titre de TRAITÉ DE 1860, tous les traités régissant présentement l'Europe, afin de les ramener à l'unité de principes et de lier toutes les puissances entre elles par un seul instrument.

Cet instrument, pour plus de clarté, pourrait être divisé en deux parties : la première partie renfermant toutes les dispositions générales ; la deuxième partie contenant toutes les dispositions locales. . .

Le lieu choisi pour la réunion de ce congrès pourrait être Constantinople, afin que tout plénipotentiaire qui y serait envoyé fût assez éloigné de son pays pour en perdre de vue les petits intérêts particuliers, eût sous les yeux la Méditerranée, la mer Noire, les bouches du Danube, se pénétrât profondément des avantages attachés à la neutralisation de tous les détroits, à la neutralité de toutes les mers, au percement de tous les isthmes, à la libre navigation de tous les fleuves, et reconnût spontanément que le « temps des conquêtes étant passé sans retour, » la politique territoriale est la petite politique, la politique du mur mitoyen ; que la grande politique est la politique maritime, la politique de l'universalité des échanges et de la fraternité des peuples.

Que l'on y réfléchisse bien et l'on reconnaîtra que cette politique dictée par la prévoyance et la conciliation est la seule qui puisse mettre fin à l'inflammable antagonisme de l'Angleterre et de la France, et le changer en bouillante émulation ayant pour champ de bataille, tous les cinq ans, alternativement à Londres et à Paris, une Exposition universelle des produits de l'industrie des Deux-Mondes sur la plus immense échelle, toutes les nations luttant entre elles, non plus hommes contre hommes, mais produits contre produits !

Qui, les ayant vues, n'a pas gardé un ineffaçable souvenir de l'Exposition universelle de Londres en 1851 et de l'Exposition universelle de Paris en 1855 ? Qui n'a pas senti que le produit inférieur ainsi vaincu par le produit supérieur, c'était la transformation de la guerre en concurrence, et de la gloire sanglante en richesse bienfaisante, c'était l'avénement de la grandeur commerciale et le déclin de la grandeur territoriale !

XII

Il s'est présenté à l'empereur Napoléon III deux occasions particulièrement favorables de faire prévaloir cette politique qui est la sienne, qui est celle de ses livres, celle de ses méditations, celle de ses proclamations, politique à l'effigie de l'avenir, politique qui est sans périls et qui n'est pas sans grandeur.

Ces deux occasions ont été : en 1856, le Congrès de Paris, en 1857, l'Entrevue de Stuttgard, époque à laquelle l'Angleterre était aux prises dans l'Hindoustan avec les difficultés les plus graves qu'elle ait eu à vaincre, les dangers les plus grands qu'elle ait eu à traverser, dangers si grands qu'il a été un moment douteux qu'elle parvînt à les maîtriser.

Ces deux occasions ont passé, emportées par des préoccupations secondaires et fugitives.

Une troisième occasion non moins propice s'offre de nouveau sous le couvert du réglement de l'affaire d'Italie, du percement de l'isthme de Suez et de l'expédition de l'Espagne contre le Maroc, expédition qui peut aboutir à la prise et à la conservation de Tanger.

Laissera-t-on s'enfuir devant soi cette troisième occasion, qui peut-être ne se retrouvera plus ?

Attendra-t-on qu'il soit trop tard pour régler la neutralisation du détroit des Dardanelles ? De combien peu s'en est-il fallu, il y a quelques semaines, que l'Europe ne se réveillât en apprenant que la réussite d'une conspiration venait d'arracher la Turquie à des mains incapables pour la livrer à des mains coupables et peut-être plus incapables encore !

Attendra-t-on enfin, pour délibérer sur une question si grave, ce qu'il est d'usage d'appeler improprement « les Événements ? »

Les événements sont toujours l'effet d'une cause. Que de fautes se déguisent orgueilleusement sous le nom pompeux d'événements ! Que d'événements, c'est-à-dire que de complications une seule faute peut engendrer ! Que d'événements on accuse et que seul on a fait naître ! Le véritable nom de l'Imprévu, c'est Imprévoyance.

Dans le plus grand nombre de cas, il suffirait de raisonner avec justesse pour prévoir avec certitude. La prévoyance est une déduction. L'avenir est renfermé dans un cercle : le cercle des hypothè- ses. Veut-on connaître l'avenir ? Il n'y a qu'à passer en revue toutes les hypothèses, en ayant soin de n'en pas omettre une seule. Qui sait déduire sait prévoir. Ce qu'on nomme la Providence invisible n'est que la Logique évidente. Les hommes ne mettent si souvent en cause la « Providence divine » qu'afin de se décharger sur elle de la responsabilité de leurs actes et d'abriter l'Imprévoyance humaine. Aussi partout où ils écrivent *Providence divine* doit-on lire *Imprévoyance humaine*, si l'on tient à rétablir la vérité à la place du mensonge.

L'art de gouverner n'a encore été que l'art des expédients ; ne serait-il pas temps qu'il devînt l'art de tirer des principes toutes leurs conséquences et de remonter des effets aux causes ?

L'Europe croupit dans l'attente d'un grand roi ou d'un grand ministre qui la mène.

Celui qui est maître du présent est maître de l'avenir. Faire le présent moins trouble est le moyen de faire l'avenir plus certain.

Les événements sont un empire à qui il manque un souverain.

Pour les gouverner que faut-il ? — Il faut avoir un but et le poursuivre.

Dès que le chef d'un grand État a un but, tout ce qui était divergent devient convergent, tout ce qui était obstacle devient moyen, tout ce qui était question devient solution.

Le moment pour la France, le moment pour l'empereur Napoléon III est favorable : l'Angleterre, veuve de Robert Peel, s'est arrêtée en chemin entre le libre échange qu'elle a arboré et la domination maritime qu'elle ne veut point abandonner, ne sachant plus ni comment reculer, ni comment avancer, tirée en sens contraire par lord Palmerston qui personnifie la politique ancienne de la Rivalité, et par Richard Cobden qui personnifie la politique nouvelle de la Réciprocité ; la Russie s'est honorablement imposé la longue et difficile tâche d'abolir le servage sur son immense territoire ; l'Autriche est écrasée sous le poids de sa dette et de dépenses qu'elle ne peut ni maintenir, ni supprimer, ni diminuer ; la Prusse est perdue dans les nuages d'une nébuleuse réforme de la Confédération germanique où elle voudrait exercer la prépondérance sans rien faire pour la conquérir ; les gouvernements parlementaires s'agitent dans le vide ; les gouvernements arbitraires se consument dans l'impuissance ; nulle part il n'apparaît un de ces grands ministres qui transfigurent un siècle et font mouvoir un monde ; partout, enfin, règne l'inconséquence, cette anarchie des idées qui est aux gouvernements ce que le taret est aux navires.

La logique est une loi qu'on n'enfreint pas impunément.

La logique porte avec elle-même sa sanction.

La logique est la raison des choses déduite par le raisonnement des hommes.

La logique mène le monde.

— Dites, l'inconséquence !

— En apparence, oui ; en réalité, non.

— Comment ?

— L'inconséquence elle-même a sa logique ; l'inconséquence est conséquente. La logique de l'inconséquence est de mener les empires à leur chûte, comme les édifices construits en violation des règles de la statique s'écroulent avant d'être achevés. L'erreur ne se dément pas plus que la vérité ; l'erreur poussée jusqu'à la dernière limite sera toujours l'erreur, comme la vérité creusée jusqu'à la plus grande profondeur sera toujours la vérité. La ligne courbe peut être aussi courte que la ligne droite peut être longue, sans que la ligne courbe devienne droite, n'eût-elle que la longueur d'un sourcil, sans que la ligne droite devienne courbe, allât-elle d'un pôle à l'autre.

XIII

La libre navigation des fleuves, admise par le congrès de Vienne, implique la neutralisation des détroits ;

La neutralisation des détroits implique la neutralité des mers ;

La neutralité des mers implique la réciprocité des échanges ;

La réciprocité des échanges implique la liberté de consommation ;

La liberté de consommation implique la suppression des douanes ;

La suppression des douanes implique le désarmement européen ;

Le désarmement européen implique l'abolition de l'esclavage militaire ;

L'abolition de l'esclavage militaire implique l'unité de l'Europe ;

L'unité de l'Europe implique le prompt achèvement de tous les grands travaux pacifiques ;

Le prompt achèvement de tous les grands travaux pacifiques implique l'accroissement général de la richesse ;

L'accroissement général de la richesse implique la hausse permanente du salaire ;

La hausse permanente du salaire implique l'extension de l'épargne ;

L'extension de l'épargne implique l'extinction de la misère;

Enfin, l'extinction de la misère implique la régénération physique et morale de l'homme, ce premier devoir de tout gouvernement.

On a vu avec quelle tenacité l'Angleterre avait demandé l'abolition de la traite des noirs, comment elle l'avait obtenue, comment elle en avait fait une condition de tous ses traités, comment elle y avait amené non-seulement l'Europe tout entière, mais encore plusieurs États d'Amérique. L'Angleterre a eu son tour ; à la France d'avoir le sien, à la France de demander et d'obtenir l'abolition de la misère des blancs !

Avoir demandé ce que, d'accord avec l'Angleterre,

la France a obtenu sous la forme de Déclaration du congrès de Paris, datée du 16 avril 1856, avoir demandé l'abolition de la course et la neutralité du pavillon, c'était admettre la guerre ; or, tout ce qui la rend moins odieuse, la rend plus facile. C'était donc marcher à rebours de la civilisation ; ce n'était donc point là un progrès. La civilisation ne suppose pas la guerre ; elle impose la paix.

« La paix, c'est l'accord résultant de difficultés aplanies, d'intérêts opposés satisfaits ; c'est la sécurité la plus complète régnant dans la société. Pour asseoir la paix, il faut avoir un système équitable et élevé et le défendre avec vigueur. Rien ne contribue davantage à envenimer les questions, à aggraver les situations, à fausser les esprits, qu'une politique bâtarde, sans dignité et sans suite, qui ne sait pas ce qu'elle veut parce qu'elle n'ose jamais vouloir. Asseoir la paix, ce n'est pas maintenir pendant quelques années une tranquillité factice, c'est travailler à faire disparaître les haines entre nations, en favorisant les intérêts, les tendances de chaque peuple. »

XIV

L'étrange spectacle que présente en ce moment l'Europe aux regards de l'observateur impartial, est celui de gouvernements dictant à d'autres gouvernements ce qu'ils doivent faire, et s'exposant conséquemment à ce qu'il leur soit demandé s'ils ne donnent eux-mêmes que des exemples bons à suivre. L'Angleterre est-elle fondée à élever la voix en faveur de l'Italie contre la domination de l'Autriche, l'oppression du roi de Naples, l'autorité temporelle du pape? A leur tour, le Pape, l'Autriche, le roi de Naples ne seraient-ils pas également fondés à élever la voix en faveur de l'Irlande et de l'Inde ; à citer à la barre de l'Europe la Grande-Bretagne comme prévenue d'administration entachée des abus les plus monstrueux et souillée des cruautés les plus infamantes; à lui demander compte, au nom de la civilisation, de trois millions d'Irlandais morts de faim, et d'innombrables Indiens mitraillés sans défense par le canon, ignominieusement converti en instrument de supplice? Lorsque cette accusation, avec toutes les preuves à l'appui fournies par le Parlement britannique lui-même, sera portée, au sein du Congrès, contre l'Angleterre, que pourra-t-elle répondre aux gouvernements qu'elle aura incriminés ? Elle n'aura inévitablement qu'à garder le silence et qu'à baisser la tête. L'immixtion qui ouvre ainsi l'accès aux récriminations, toujours si faciles, est donc une détestable voie dans laquelle se sont engagés les gouvernements et dont ils doivent avoir hâte de sortir par respect pour eux-mêmes et par instinct réciproque de conservation. De moyen d'en sortir, il n'y en a qu'un seul, c'est de transporter l'objet des délibérations du Congrès sur un terrain si vaste que la question de Bologne, de Florence, de

Modène et de Parme, ne soit plus qu'un point dans l'espace; c'est de la résoudre indirectement; c'est de substituer l'intérêt européen à l'intérêt italien, la politique de civilisation, qui rapproche et qui calme, à la politique d'immixtion, qui divise et qui irrite ! Les gouvernements s'abuseraient étrangement s'ils pensaient que « l'ordre qui règne en Europe » est aussi réel qu'il est apparent. Cet ordre, maintenu par un million de baïonnettes, n'est que l'ajournement de toutes les questions. Or, l'alternative est celle-ci : ou les gouvernements feront la besogne des révolutions, ou les révolutions feront la besogne des gouvernements ; ou il faudra qu'ils s'occupent de résoudre enfin les questions en suspens, ou il faudra qu'ils se résignent à conserver indéfiniment un million d'hommes sous les armes. Les solder est déjà, pour plus d'un État, une difficulté, mais cette difficulté n'est pas la plus grave. Point de soldats sans officiers; point de contentement sans avancement; point d'avancement sans guerre. Est-il bien sûr que la guerre, portant le trouble dans tous les intérêts avant de porter la mort dans toutes les familles, soit la tangente de la révolution ? En tous cas, ne vaudrait-il pas mieux résoudre les questions et licencier les baïonnettes, que de garder les baïonnettes et d'éterniser les questions ? N'y aurait-il pas économie pour les peuples ? N'y aurait-il pas avantage pour les gouvernements, liés entre eux par une solidarité dont ils se montrent effrayés, mais qu'ils tenteront vainement de rompre ? Ils n'y échapperont pas en s'accusant et se condamnant les uns les autres ; ils n'y échapperont qu'en mettant un terme à leurs divisions intestines, à leurs guerres inconséquentes, à leurs dépenses stériles, à leurs impôts anarchiques, à leurs emprunts ruineux ; qu'en s'élevant à la hauteur de leur mission ; qu'en prenant sans retard l'initiative de toutes les réformes économiques ; qu'en convertissant l'agitation fébrile et stérile des populations en saine et féconde activité des esprits et des bras ; qu'en se conduisant enfin, désormais, comme s'ils ne représentaient plus qu'une seule grande nation civilisatrice s'appelant : l'Europe. L'intérêt de chacun et de tous étant le même, où serait l'obstacle ? D'où pourrait venir l'opposition ? De quelque part qu'elle vînt, la France est dans un de ces instants décisifs où elle n'a qu'à vouloir pour pouvoir, non ce qui serait dans son intérêt, ou dans l'intérêt d'une nation, mais ce qui serait dans l'intérêt de la civilisation tout entière. Stipulant ainsi au nom de la civilisation, c'est-à-dire au nom de tous les peuples, plus la France demanderait et moins elle rencontrerait de résistance. Ne demandant que ce qui est juste, elle ne demanderait jamais trop. Qu'elle se prépare donc à demander au nouveau congrès qui va se réunir tout ce qu'il ne saurait lui refuser sans mettre tous les peuples de l'Europe du côté de l'empereur Napoléon III !

9 782013 487658